JAVIER "CHICHARITO" HERNÁNDEZ

¡A LA CUMBRE!

2011 El 18 de mayo gana el premio Sir Matt Busby, que los aficionados del Manchester otorgan al mejor futbolista del club.
Copa de Oro de la Concacaf. Javier gana el premio al máximo goleador y jugador más valioso del torneo.
En octubre se confirma la renovación del contrato con Manchester United por otros cinco años.

2010 En abril Javier anuncia su contratación en el club Manchester United.
Mundial de Sudáfrica. Javier es convocado a la selección mexicana. El Chicharito salta a la fama internacional con su gol contra Francia, el 17 de julio.
El 28 de julio, debuta en el Manchester United y anota su primer gol contra el combinado de la MLS.
Se despide de las Chivas durante la inauguración del estadio Omnilife, el 30 de junio. Consigue el primer gol en la historia de ese recinto.

2009 Javier anota once goles para las Chivas, convirtiéndose en el tercer goleador del Torneo Mexicano de Apertura.

2008 Considera el retiro después de una temporada de ser tomado muy poco en cuenta en el Guadalajara.

2007 Participa en el Mundial Sub-20 en Canadá, anotando su primer tanto en certámenes internacionales.

2006 El Chicharito debuta en la primera división en un partido contra el Necaxa. Anota su primer gol a nivel profesional.

1996 Se une a las fuerzas básicas del club Guadalajara a la edad de nueve años.

1988 Javier Hernández Balcázar nace en Guadalajara, el 1 de junio.

ISBN-13: 978-1-4222-2607-0 (hc) — 978-1-4222-9150-4 (ebook)

Impresión (último dígito) 9 8 7 6 5 4 3 2 1
Impreso y encuadernado en los Estados Unidos.
CPSIA Información de cumplimiento: lote S2013.
Para más información, comuníquese con Mason Crest a 1-866-627-2665.

Acerca de los Autores: Gustavo Vázquez Lozano nació en Aguascalientes, México. Es escritor y editor independiente. Ha escrito novela, cuento y ensayo. Colabora en diversos medios impresos de México y Estados Unidos. Autor de *La estrella del sur* (Ediciones SM, 2003), recientemente publicó *Todo acerca de los Beatles* (Otras Inquisiciones, 2010).

Federico Vargas Bénard nació en la ciudad de México. Es colaborador asiduo de la sección deportiva en el periódico *La Jornada de Aguascalientes*.

Créditos de las fotos: EFE/Paul Buck: 24; EFE/Robin Parker: 18; Shutterstock: 1, 2, 4, 7, 10, 12, 14, 16, 17, 20, 23, 26, 29, 30; Wikimedia: 13.

CONTENIDO

Javier "el Chicharito" Hernández es hoy uno de los mejores jóvenes futbolistas de México.

CAPÍTULO 1

Llamado del destino

EL MOMENTO NO PODÍA SER MÁS ADECUADO. El 17 de junio de 2010, en su segundo partido de la Copa del Mundo en Sudáfrica, el equipo mexicano necesitaba desesperadamente un héroe. Tras un empate con el equipo anfitrión en el juego inaugural del torneo, obtener el triunfo era cuestión de vida o muerte.

Una derrota mexicana equivalía a volver a casa y esperar otros cuatro años. El reto no era nada fácil. La escuadra verde se iba a medir con el poderoso equipo de Francia, al que nunca habían vencido en la historia de los mundiales. A pesar de la distancia de su país de origen, a los mexicanos no les faltaba motivación. Habían salido a la cancha del estadio Peter Mokaba para encontrarse con una tribuna pintada de verde, el color representativo de la afición mexicana; el himno nacional, al empezar el encuentro, había encontrado eco en todo el recinto. Comenzada la acción, Francia dirigía violentos ataques a la portería, y a pesar de algunos destellos del equipo nacional, México se había ido al descanso sin anotar goles.

Ya bien iniciado el tiempo complementario, el entrenador Javier Aguirre, de México, decidió arriesgar y dar una oportunidad a Javier Hernández, el Chicharito, un joven de 22 años relativamente recién llegado a la selección, que calentaba en la banca. Algunos ya lo consideraban la esperanza de ese Mundial. Al minuto 17 del segundo tiempo el joven se escurrió, con velocidad asombrosa, hasta la meta francesa para escenificar un duelo con el portero Hugo Lloris, de Francia. Un rápido recorte y la pelota estaba en la red. En todo el estadio, y al otro lado del mundo —particu-

larmente en la ciudad de Guadalajara—, el mismo suelo pareció vibrar ante el inicio de lo que sería ya un dominio absoluto por parte de los mexicanos. El Chicharito, Javier Hernández, acababa de anotar el gol fundamental no sólo para el partido, sino de su carrera futbolística.

Con buena estrella

Seguramente lo más fascinante de aquel momento, como si se tratara de un decreto del destino, era que justamente 56 años atrás el abuelo del jugador, Tomás Balcázar, también había anotado un gol para México en las mismas circunstancias: en la copa del Mundo, en un partido contra Francia y a los 22 años. A partir de esa fría noche sudafricana, el nombre de Javier Hernández, que había permanecido exclusivamente dentro de los círculos futbolísticos, traspasaría las fronteras de lo deportivo para convertirse en una obsesión nacional.

¿Quién era este muchacho con cara de boy scout que había concentrado en su figura las esperanzas y el regocijo de todo un país? ¿De dónde había salido y cómo había llegado a ese momento de celebridad que todo futbolista anhela?

Hijo de chícharo, chicharito

Javier Hernández Balcázar vio la primera luz del día en la ciudad de Guadalajara, Jalisco, el 1 de junio de 1988, en el seno de una familia destinada a producir buenos deportistas. Su padre se llama Javier Hernández Gutiérrez y fue jugador de futbol de los Tecos de Guadalajara; también

formó parte de la selección que compitió en el Mundial de México 1986. De corta estatura y ojos verdes, su aspecto físico le ganó el mote de "Chícharo". El jugador, a quien se le recuerda por su habilidad para rematar con ambos pies, solía llevar a su hijo Javier al colegio Abraham Lincoln de Guadalajara, donde se inscribió a los seis años. El Chícharo lo llevaba de la mano hasta el salón de clases y al verlo entrar, los niños —incluso algunos papás— se acercaban para pedirle autógrafos.

Hasta el retiro de su padre como jugador, al pequeño Javier le gustaba acompañarlo al estadio para verlo jugar y disfrutar la compañía de otros futbolistas profesionales. Fue lo más natural que los amigos del Chícharo y el personal del estadio empezaran a llamar "Chicharito" al hijo, quien desde pequeño ya mostraba un interés muy definido por el balompié. Muchos los recuerdan charlando con los jugadores en los vestidores y estudiando el juego de su papá en la cancha, con semblante de admiración.

El Chicharito estudiaba inglés con ahínco, habilidad que luego le sería muy útil. "Tenía una profesora de inglés muy estricta", recuerda Sara Carrillo, su primera maestra. "Pero a diferencia de otros niños, nunca tuvo problemas con ella.

Javier proviene de una familia de futbolistas que formaron parte de la selección de México en dos mundiales: 1954 y 1986.

Guadalajara es la segunda ciudad más grande de México. Desde muy chico, Javier decidió el nombre de su banda, actriz y bebida favoritas, preparándose para las entrevistas que habría de responder cuando fuera famoso.

Tenía gran interés en el deporte. Sobre todas las cosas, era un niño muy alegre". Desde corta edad, los muchachos grandes de la escuela invitaban a Javier para que jugara con ellos. Era un espactáculo verlo en la cancha.

Fuerzas básicas del Guadalajara

La carrera futbolísitca de Javier comenzó en las fuerzas básicas del Guadalajara, a las cuales se unió a los nueve años. El Guadalajara es uno de los conjuntos más populares del país y cuenta con una de las mayores aficiones, por no decir la más grande de México. Es el equipo que más veces ha ganado la liga mexicana y una de sus características es que contrata exclusivamente a jugadores nacionales, una política que le ha ganado el afecto de mucha gente.

Para Javier, aquellos primeros años en el club fueron de intenso trabajo y esfuerzo. Su sueño era llegar a formar parte de la primera división de las Chivas o "Rebaño Sagrado", como también se conoce a la escuadra rayada. El Chicharito mostraba gusto por aprender y difícilmente se perdía una clase. Muchas veces, cuando terminaba la sesión y el resto de los chicos se iba a sus casas, él se quedaba para seguir practicando.

"Desde muy chico demostró ese interés por ser líder", recuerda Gabriel López, su primer entrenador. "Entrenaba y se ejercitaba en aspectos que muchos otros niños no cuidaban. Practicaba tiros con los dos pies y tenía disciplina. Era como si muy dentro supiera que tenía sangre futbolera y que no podía perder el tiempo". Sin embargo, al principio esta dedicación no se vería siempre recompensada de la manera que él deseaba, a pesar de estar haciendo las cosas bien.

Primera decepción

En la vida de toda estrella nada es cuesta arriba. El camino del éxito está lleno de reveses y

CAPÍTULO 5

Promesa mexicana

AL TERMINAR LA COPA DE ORO, JAVIER REGRESÓ A LAS FILAS del United. Esta vez, había nubes de tormenta sobre la pretemporada e inicio de la competencia oficial. El Manchester tenía pactado jugar nuevamente contra las estrellas de la MLS, partido en el cual Javier había debutado un año antes. Ahora la historia sería diferente.

Debido a una lesión que se hizo unas horas antes, Javier no participó en aquel simbólico reinicio. Luego, durante la gira de pretemporada por Estados Unidos, sufrió una conmoción cerebral y fue hospitalizado en New Jersey el 26 de julio. Toda una celebridad en su país, incluso el presidente de México, Felipe Calderón, envió sus buenos deseos por twitter.

Javier sería dado de alta al día siguiente, pero sus malestares continuaron. Fue entonces cuando el médico del club Guadalajara, Rafael Ortega, dio a conocer que el joven tenía una condición médica prexistente y que las migrañas eran recurrentes en su persona. Ante las inquietantes noticias, Manchester decidió no arriesgar a su figura. Javier se perdió toda la pretemporada y el inicio de la temporada 2011-2012.

Regreso al Manchester

No fue sino hasta el 10 de septiembre que volvió a la alineación titular para anotar goles. El día de su regreso, "Chico"—como lo apodaban algunos medios ingleses—volvió como los grandes, con un doblete, para contribuir a la goliza de 5-0 sobre el Bolton Wanderers. El 3 de diciembre se lesionó nuevamente en un partido de liga contra el Aston Villa. A pesar de los malos augurios, Javier

Hernández demostró que si los saludables chícharos —como todas las legumbres— aportan al organismo una buena cantidad de hierro, él mismo tenía también una constitución de hierro que le permitió volver a las canchas antes de lo previsto.

Sobreponiéndose a lesiones, migrañas y hasta algunas dudas en el medio, acompañó con mucho temple a su equipo en el triunfo de 2-0 contra Queens Park. No en balde, su profesionalismo y respeto por la profesión son dos rasgos que lo caracterizan. Al terminar 2011, y de cara a 2012, Javier ha retomado la senda de la competencia, el espíritu de equipo y brilla nuevamente en Europa.

Chicharomanía

En México, un país futbolero que sufre de sequía de goles —y buenos delanteros—, el Chicharito se ha convertido en un tesoro nacional. No sólo los diarios y noticieros deportivos siguen sus logros con interés. Muchos ven con optimismo su historia de éxito que tanta falta hace en un país agobiado por los problemas. "Él es lo único en lo que ahora creemos los mexicanos", comentó la escritora Guadalupe Loaeza. "No creemos en el gobierno, ni en las institu-

A pesar de su fama, Javier Hernández mantiene su trato cordial y amable con los medios de comunicación y admiradores, algo poco común entre las celebridades deportivas.

ciones ni en los partidos políticos. En medio de meses y meses de crisis, el Chicharito nos ha traído buenas noticias ante el mundo".

"Es difícil no reconocer lo que Javier ha conseguido en 2011 y lo que significa para los mexicanos", escribió Tom Marshall, comentarista deportivo en la ciudad de Guadalajara. "¡Incluso hubo un debate en radio sobre si el Chicharito o el Papa habían beneficiado más a la iglesia católica en los últimos meses!" Varias grandes corporaciones parecen haber entrado en competencia para ver cuál hace el mejor comercial televisivo con el deportista.

Su fama y reconocimiento traspasan las fronteras mexicanas. En Manchester los fanáticos le cantan "Chico is the man", una salsa basada en un tema de José Feliciano, grabada por el grupo World Red Army. "Los aficionados han sido maravillosos conmigo. Muestran mi nombre, lo gritan, me alientan", dice Javier. El delantero no ha dejado de recibir elogios en Europa. Alguna vez Ferguson dijo en rueda de prensa que Javier era el mejor delantero del mundo dentro del área. Josep Guardiola lo catalogó como un "crack" antes de la final de la Champions. Roberto Soldado, jugador y capitán del Valencia, reconoció que quisiera tenerlo en su equipo.

El futuro

¿Qué depara el futuro a Javier Hernández? ¿Qué ofrecerá este joven a un país, México, que ama el futbol, pero que sólo en una ocasión a llegado a los cuartos de final en una Copa del Mundo? ¿Es su destino convertirse en la siguiente gran estrella del balompié—como Hugo Sánchez o Rafael Márquez—o su brillo disminuirá?

Por lo pronto, el futuro inmediato está en la filas del Manchester United. Tras algunas semanas de especulaciones, en octubre de 2011 el equipo inglés renovó su contrato por otros cinco años. Javier obtuvo un mejor salario fijo más incentivos, dependiendo de los resultados del equipo en diferentes competencias. Pero más allá de la remuneración económica,

Chicharito en la acción.

están las magníficas perspectivas bajo la dirección de Sir Alex Ferguson, reconocido mundialmente por lo que ha logrado con otros jugadores. Gente como Cristiano Ronaldo y Mark Rooney han desarrollado todo su potencial bajo la guía de este legendario entrenador.

"A Javier le depara un hermoso futuro si sigue como hasta ahora", escribe Juan Carlos Juárez, comentarista deportivo de Tepic, Nayarit. "Tiene picardía, es ágil, se mueve bien; tiene talento y está en gran forma física. Lo mejor para el Chícharo (...) ha sido quedarse en el Manchester United, ya que se trata de quizá el segundo mejor equipo del mundo, sólo por debajo del Barcelona. Si logra consolidarse en la titularidad, será uno de los mejores delanteros del mundo. Los beneficiados serán los Red Devils y sobre todo la selección mexicana, a la que le ha faltado un delantero de peso en los mundiales."

Mucho se decidirá en este segundo año en Manchester. La renovación del contrato a un jugador no significa, en automático, que vaya a tener muchos minutos de juego. Puede ser, en algunos casos, sólo una estratagema para revenderlo a otro club. Si el primer año poco se esperaba del jugador mexicano en Europa, el segundo aumentará la presión, sobre todo ante el buen desempeño pasado. Para todos es claro que si Javier sigue jugando como lo ha hecho, desarrollando su fuerza e instinto de gol, y sobre todo, mostrando tal dedicación, el futuro será brillante para el ya famoso deportista.

Chicharito al 100%

A pesar de ser hoy uno de los rostros más conocidos de su país, Javier Hernández sigue valorando la importancia de las cosas pequeñas en la vida. Recientemente, al recibir la distinción como embajador turísti-

El Chicharito ha comentado: "Quiero ser un ganador y un buen ser humano siempre, lo que a la larga se verá reflejado dentro de la cancha."

proclama la cultura del esfuerzo, es quizá el mejor ejemplo para los jóvenes de todo el mundo de que, más veces de lo que ellos piensan, la historias de lucha y esfuerzo sí tienen un final feliz. Aunque a sus 24 años, lejos el Chicharito de pensar en finales.

Su éxito no es fruto de la casualidad, el favoritismo o las influencias personales. Es más bien una suma de esfuerzo, inspiración y mucha confianza en sí mismo. Será por ello que "Chico" sigue con su eterna sonrisa y los pies en la tierra, siempre con una palabra afectuosa al referirse a los demás: para demostrar que el futbol, como buena metáfora de la vida, es ante todo expresión de la lucha del espíritu humano.

co del estado de Jalisco, dio una muestra de su valor y sencillez.

"Lo único que tengo son palabras de agradecimiento. A las personas que están aquí presentes, a mi familia, (...) les quiero ofrecer una disculpa por no poder estar al cien por ciento como hijo, como hermano, como sobrino, nieto; por estar un poco egoísta luchando por mis sueños. Espero que les pueda agradecer con lo he hecho. Sin ellos nunca hubiera logrado nada."

En la ceremonia, Javier Hernández habló desde el corazón, con lágrimas en los ojos, al referirse a su familia. Sus palabras reflejan todo lo que él es: triunfo, sencillez, humildad. Probablemente no sea el jugador más técnico, ni el más hábil con la pelota, pero seguramente sí el más carismático y soñador que este país ha conocido. Sobre todo, este mexicano sano y afable, que

Entre las distinciones que ha merecido el Chicharito, en cuestión de apenas dos años, están la de goleador y Balón de Oro como mejor delantero del torneo Bicentenario 2010; mejor jugador del partido México vs. Francia en el Mundial; jugador del mes del Manchester United en noviembre de 2010, enero y abril de 2011; trofeo Sir Matt Busby como mejor jugador del año del equipo inglés, según los aficionados que votaron; bota al mejor goleador en la Copa de Oro 2011 y jugador más valioso de ese certamen.

BIBLIOGRAFÍA

Allen, Gregory. "Chicharito the great". *GQ México* (Octubre de 2011), pp. 32-40.

Bueno, José Antonio. *Historia del futbol*. España: Editorial Edaf, 2010.

Clavellinas, Rafael. *Manual didáctico de reglas de futbol*. España: Editorial Paidotribo, 2010.

Economista, El. Sección deportiva (2010, 2011).

Mazur, Martin. "Born to be great". *FourFourTwo Magazine* (Septiembre 2011), p. 62-65.

Torales, Guillermo. *El lenguaje del futbol: Prontuario de términos y frases característi-cas en México*. México: Editorial Trillas, 2009.

RECURSOS de INTERNET

www.femexfut.org.mx

Sitio oficial de la Federación Mexicana de Futbol Asociación, A.C. Incluye estadísticas, información sobre las divisiones nacionales y las selecciones juveniles y profesionales, además de los reglamentos de la federación.

www.chivascampeon.com

Sitio oficial de las Chivas de Guadalajara, equipo de futbol profesional de primera división. Incluye información sobre jugadores, cuerpo técnico, directiva, estadística, goleadores e información sobre el club y estadio.

www.futboltotal.com.mx

Uno de los sitios más completos dedicados al deporte del balompié. Además de informativo, ofrece acceso a partidos en vivo, galerías, blog y podcast.

www.espanol.manuted.com

Sitio oficial del equipo de futbol Manchester United de Inglaterra, en español. Incluye biografías de sus jugadores, historia, calendarios, resultados e información sobre futuros encuentros.

televisadeportes.esmas.com/futbol/

Espacio noticioso e informativo de la empresa Televisa. Presenta videos, galerías, estadísticas e información exclusiva sobre futbol y otros deportes. Reúne comunicados de diversas agencias noticiosas internacionales.

ÍNDICE